AF349517

TABLES

NÉCROLOGIQUES DU KAIRE,

L'AN VII

Extrait de la Revue Égyptienne, [illegible]

Tables nécrologiques du Kaire, l'an 7, recueillies d'après les [relevés] des Commandans de Sections, adressés au Général commandant de cette place, et publiées par le citoyen R. DESGENETTES.

DÉSIGNATION DES QUALITÉS		DÉSIGNATION DES PERSONNES			TOTAL
Mois	Jour	Hommes	Femmes	Enfans	
Brumaire, an 7	[illegible]	[illegible]	[illegible]	[illegible]	8
	[illegible]	[illegible]	[illegible]	[illegible]	9
Frimaire, an 7	[illegible]	[illegible]	[illegible]	[illegible]	10
	[illegible]	[illegible]	[illegible]	[illegible]	11
	[illegible]	[illegible]	[illegible]	[illegible]	14
	[illegible]	[illegible]	[illegible]	[illegible]	20
	[illegible]	[illegible]	[illegible]	[illegible]	[illegible]
	[illegible]	[illegible]	[illegible]	[illegible]	6
	[illegible]	[illegible]	[illegible]	[illegible]	13
	[illegible]	[illegible]	[illegible]	[illegible]	7
	[illegible]	[illegible]	[illegible]	[illegible]	12
	[illegible]	[illegible]	[illegible]	[illegible]	15
	[illegible]	[illegible]	[illegible]	[illegible]	9
	[illegible]	[illegible]	[illegible]	[illegible]	13
	[illegible]	[illegible]	[illegible]	[illegible]	11
	[illegible]	[illegible]	[illegible]	[illegible]	12
	[illegible]	[illegible]	[illegible]	[illegible]	9
	[illegible]	[illegible]	[illegible]	[illegible]	9
	[illegible]	[illegible]	[illegible]	[illegible]	[illegible]
	[illegible]	[illegible]	[illegible]	[illegible]	6
	[illegible]	[illegible]	[illegible]	[illegible]	[illegible]
	[illegible]	[illegible]	[illegible]	[illegible]	[illegible]
	[illegible]	[illegible]	[illegible]	[illegible]	8
	[illegible]	[illegible]	[illegible]	[illegible]	[illegible]
	[illegible]	[illegible]	[illegible]	[illegible]	[illegible]
	[illegible]	[illegible]	[illegible]	[illegible]	6
Totaux		[illegible]	[illegible]	[illegible]	[illegible]

| DATES DES DÉCÈS. | | DÉSIGNATION DES PERSONNES. | | | TOTAL. |
Mois.	Jours	Hommes.	Femmes.	Enfans.	
	1	1	5	2	8
	2	3	3	1	16
	3	1	2	6	9
	4	[illegible]	[illegible]	[illegible]	6
	5	[illegible]	[illegible]	[illegible]	[illegible]
	6	[illegible]	[illegible]	[illegible]	[illegible]
	7	[illegible]	[illegible]	[illegible]	[illegible]
	8	1	4	[illegible]	11
	9	[illegible]	[illegible]	[illegible]	[illegible]
	10	[illegible]	2	[illegible]	[illegible]
	11	1	3	4	[illegible]
Nivôse.	12	1	3	6	12
	13	3	2	5	15
	14	1	3	3	[illegible]
	15	3	4	13	25
	16	8	4	[illegible]	[illegible]
	17	1	4	[illegible]	[illegible]
	18	2	7	[illegible]	[illegible]
	19	2	5	[illegible]	[illegible]
	20	2	[illegible]	[illegible]	[illegible]
	21	3	3	7	[illegible]
	22	1	3	[illegible]	[illegible]
	23	2	[illegible]	16	23
	24	[illegible]	[illegible]	12	[illegible]
	25	[illegible]	15	17	[illegible]
	26	[illegible]	[illegible]	15	[illegible]
	27	[illegible]	5	4	[illegible]
	28	2	6	8	16
	29	2	4	10	[illegible]
	30	3	1	11	21
TOTAUX..	. . . .	62	121	178	[illegible]

DATES DU DÉCÈS		DÉSIGNATION DES PERSONNES			TOTAUX
Mois	Jours	Hommes	Femmes	Enfants	
Pluviôse	[illegible]	[illegible]	[illegible]	[illegible]	[illegible]
	2	[illegible]	4	[illegible]	[illegible]
	[illegible]	2	[illegible]	[illegible]	[illegible]
	[illegible]	[illegible]	[illegible]	[illegible]	[illegible]
	[illegible]	[illegible]	2	[illegible]	[illegible]
	[illegible]	[illegible]	2	[illegible]	[illegible]
	[illegible]	[illegible]	[illegible]	[illegible]	[illegible]
	[illegible]	[illegible]	[illegible]	[illegible]	[illegible]
	12	[illegible]	[illegible]	[illegible]	[illegible]
	[illegible]	2	[illegible]	[illegible]	[illegible]
	[illegible]	1	[illegible]	[illegible]	[illegible]
	[illegible]	1	[illegible]	[illegible]	[illegible]
	[illegible]	[illegible]	[illegible]	[illegible]	[illegible]
	[illegible]	2	[illegible]	[illegible]	[illegible]
	[illegible]	[illegible]	[illegible]	[illegible]	[illegible]
	[illegible]	[illegible]	[illegible]	[illegible]	[illegible]
	[illegible]	[illegible]	[illegible]	[illegible]	[illegible]
	[illegible]	[illegible]	[illegible]	[illegible]	[illegible]
	[illegible]	[illegible]	[illegible]	[illegible]	[illegible]
	[illegible]	[illegible]	[illegible]	[illegible]	[illegible]
	[illegible]	[illegible]	[illegible]	[illegible]	[illegible]
	[illegible]	[illegible]	[illegible]	[illegible]	21
TOTAUX	[illegible]	[illegible]	[illegible]	[illegible]	[illegible]

TOTAUX...		[illegible]	132	263	[illegible]

DATES DES DÉCÈS		DÉSIGNATION			
Mois	Jours	[illegible]	[illegible]	[illegible]	[illegible]
	1				
	2				
	3				
	4				
	5				
	6				
	7				
	8				
	9				
	10				
	11				
	12				
	13				
	14				
Floréal....	15				
	16				
	17				
	18				
	19				
	20				
	21				
	22				
	23				
	24				
	25				
	26				
	27				
	28		4		
	29				
	30		7	9	
TOTAUX..	....	116	13?	32?	[illegible]

DATES DES DÉCÈS.		DÉSIGNATION DES PERSONNES.			TOTAL.
Mois.	Jours.	Hommes.	Femmes.	Enfans.	
	1	4	5	12	21
	2	3	8	10	21
	3	1	7	19	27
	4	3	5	8	16
	5	3	4	10	19
	6	2	2	16	20
	7	»	6	10	16
	8	1	3	18	22
	9	2	3	12	17
	10	»	4	18	22
	11	4	3	5	12
Prairial. . . .	12	5	4	10	19
	13	»	4	10	14
	14	1	6	11	18
	15	1	9	10	20
	16	3	3	4	10
	17	4	12	8	24
	18	5	8	11	24
	19	7	5	12	24
	20	2	7	13	22
	21	1	5	14	20
	22	2	6	10	18
	23	1	3	11	15
	24	1	2	20	23
	25	»	»	»	»
	26	4	7	16	27
	27	»	»	»	»
	28	»	»	»	»
	29	4	5	12	21
	30	5	2	20	27
TOTAUX. .	. . .	71	138	330	539

DATES DES DÉCES		DÉSIGNATION DES PERSONNES.			TOTAL.
Mois.	Jours.	Hommes.	Femmes.	Enfans.	
Messidor.	1	5	2	20	27
	2	2	1	12	[illegible]
	3	2	5	12	[illegible]
	4	»	3	13	[illegible]
	5	1	3	7	11
	6	3	[illegible]	11	[illegible]
	7	1	3	11	[illegible]
	8	2	6	11	[illegible]
	9	5	6	8	[illegible]
	10	2	8	12	[illegible]
	11	2	12	13	[illegible]
	12	2	7	13	[illegible]
	13	2	7	14	[illegible]
	14	3	2	16	21
	15	2	3	9	[illegible]
	16	»	5	13	18
	17	11	9	11	[illegible]
	18	3	1	9	[illegible]
	19	»	7	10	17
	20	6	5	22	[illegible]
	21	2	2	10	14
	22	4	5	23	[illegible]
	23	6	3	23	[illegible]
	24	6	4	9	[illegible]
	25	»	»	»	[illegible]
	26	2	3	15	[illegible]
	27	4	2	9	[illegible]
	28	2	15	»	17
	29	4	4	11	19
	30	7	9	16	[illegible]
TOTAUX..	....	91	148	365	[illegible]

| DATES DES DÉCÈS. | | DÉSIGNATION DES PERSONNES. | | | TOTAL. |
Mois.	Jours.	Hommes.	Femmes.	Enfans.	
Thermidor.	1	4	5	18	27
	2	3	4	18	23
	3	1	4	14	19
	4	2	6	12	20
	5	4	6	8	18
	6	2	2	13	17
	7	5	5	19	29
	8	7	4	20	31
	9	1	1	14	16
	10	4	2	8	14
	11	2	5	16	23
	12	5	2	26	33
	13	1	6	24	31
	14	3	1	17	21
	15	3	5	18	26
	16	3	3	9	15
	17	4	7	26	37
	18	3	1	26	30
	19	4	2	21	27
	20	4	3	17	24
	21	3	3	12	18
	22	4	»	22	26
	23		6	18	24
	24	2	3	16	21
	25	5	2	11	18
	26	6	4	15	25
	27	7	4	17	28
	28	1	7	22	30
	29	2	6	19	27
	30	1	4	21	26
TOTAUX..	. . .	96	113	517	729

DATES DES DÉCÈS.		DÉSIGNATION DES PERSONNES.			TOTAL
Mois.	Jours.	Hommes.	Femmes.	Enfans.	
	1	3	6	[illegible]	[illegible]
	2	6	[illegible]	[illegible]	[illegible]
	3	3	[illegible]	[illegible]	[illegible]
	4	2	[illegible]	[illegible]	[illegible]
	5	3	[illegible]	[illegible]	22
	6	»	[illegible]	12	22
	7	»	[illegible]	[illegible]	»
	8	8	5	[illegible]	4[illegible]
	9	1	[illegible]	[illegible]	[illegible]
	10	4	[illegible]	18	[illegible]
	11	1	4	1[illegible]	1[illegible]
	12	3	2	15	[illegible]
Fructidor.. {	13	3	[illegible]	22	[illegible]
	14	3	2	1[illegible]	[illegible]
	15	»	5	17	22
	16	4	5	18	2[illegible]
	17	2	4	[illegible]	1[illegible]
	18	2	[illegible]	[illegible]	2[illegible]
	19	»	3	9	1[illegible]
	20	1	1	1[illegible]	[illegible]
	21	1	1	6	[illegible]
	22	»	4	1[illegible]	[illegible]
	23	3	[illegible]	12	[illegible]
	24	3	6	[illegible]	16
	25	2	2	6	12
	26	6	8	14	[illegible]
	27	1	4	12	[illegible]
	28	5	4	1[illegible]	2[illegible]
	29	4	[illegible]	16	[illegible]
	30	3	11	11	25
TOTAUX..	....	81	132	10[illegible]	617

DATES DES DÉCÈS		DESIGNATION DES PERSONNES.			TOTAL.
	Jours	Hommes.	Femmes	Enfans.	
Jours complémentaires.	1		10	10	21
	2	3	[illegible]	16	21
	3	2	[illegible]	13	17
	4	3	[illegible]	16	2[illegible]
	5	4	[illegible]	1[illegible]	2[illegible]
	6	1	[illegible]	[illegible]	1[illegible]
TOTAUX..	....	14	29	[illegible]6	11[illegible]
TOTAL GÉNÉRAL..	[illegible]	[illegible]92	27[illegible]5	[illegible]